Weiße Weine

AF235483

Gunnar Berndt

Weiße Weine
Gedichte und Fotografien

Books on Demand GmbH Norderstedt

Bibliografische   Information   der   Deutschen Nationalbibliothek
Die Deutsche Nationalbibliothek verzeichnet diese Publikation in   der   Deutschen   Nationalbibliografie;   detaillierte bibliografische Daten sind im Internet über http://dnb.d-nb.de abrufbar.

Impressum

copyright "Weiße Weine" Gunnar Berndt, 2020
1. Auflage 04.2020

Herstellung und Verlag
BoD- Books on Demand, Norderstedt

ISBN-13: 9783751900515

Zunn Licht.   6.3.20

Weiße Weine

Und wieder verweht der Wind den Mohn.
Treibt sein zauberhaftes Rot
durch die Auen und über das Land,
wo es sich dann schließlich
einen ruhigen Ort zum Sterben sucht.

An den Rändern der Felder
färben sich die wilden Brombeeren
längst aufreizend schwarz,
in der Hoffnung,
dass einer der Alten kommt,
um sie zu pflücken.

Es liegt ein feuchtes Drängen in der Luft,
wie immer dann,
wenn die Spinnen im Morgentau beginnen,
ihre Netze über die Felder zu weben.
Das Kleid des unberührten späten Mädchens.

Am schönsten ist jetzt immer der frühe
Sonntagmorgen.
Wenn kein Mensch sich in die Straßen verirrt.

Kurz nachdem sich die Gespenster wieder schlafen
gelegt
und die Vögel zu singen begonnen haben,
sind die Schatten kurz
und ich kann einen tiefen Atemzug lang ganz dicht
bei mir sein.
Kann mich sogar mit offenen Augen spüren;
kann mich vollends verlieren,
um mich schlussendlich wahrhaft wiederzufinden.

Die Schmetterlinge werden mir fehlen.
Das satte Grün an den Bäumen
und selbst braunen Flecken auf dem Rasen.
Noch sind die Weine weiß
und die Bücher leicht.
Doch bald schon kehrt eine tief empfundene,
gleichermaßen verehrt und gefürchtete Schwere
in mein Herz zurück;
die streichelt mich dann liebevoll
mit schmerzlicher Sehnsucht
nach diesen warmen, zerbrechlichen Stunden
voller Leben
mit den Schatten der Geister,
die ich so lange schon entbehre.

Wittdün

Gleißend bricht ein Auge
aus dem morgendlichen Himmelgrau.
Öffnet sich
und weckt auf diese Weise die Welt.
Die Luft ist kristallklar,
noch kalt, noch feucht.
Das Atmen gelingt ruhig und tief; bewusst.
Der Blick hingegen verliert sich vollends im
Unbewusst
und verlernt einen entzückenden Moment lang
alle Zuordnungen.
Vor mir die See. Ganz still; ganz grau. Glatt.
Fernweh. Kaffeegeruch. Atemnebel.
Sekunden vollkommener Unzerstörbarkeit.
Hier scheint eine Heilung endlich möglich.
Das Überwinden. Das Sich-Wieder-Finden.

Möwen gleiten über das Wasser;
rasend schnell,
nur mit ihren Flügelspitzen seine Oberfläche
berührend,
schweben sie dahin.

Aus dem Auge am Himmel fällt ein breiter Strahl
zu Boden und zerschneidet die Luft.
Ein Wegweiser in die tieferen Gefilde,
die nur im Geiste wahrhaft beschreitbar sind.
Ein Pfad zurück,
zu all dem, was sich gern verschollen wähnt.

Dann löst es sich auf.
Alles.
Der Tag ist erwacht.
Zurück bleibt ein verlassener Stuhl,

der sich der See demutsvoll entgegen zu neigen
scheint;
ein leerer, noch dampfender Kaffeebecher auf dem
kleinen Bistrotisch daneben
und ein schmerzlos tiefes Leuchten
im Herzen des langsam Genesenden.

Der Ausweg

12

OT

Da ist ein Bach,
wenn ich meine Augen schließe.
Das Wasser ist klar,
die Luft ist es auch.
Ich trage keine Schuhe,
als ich mich dem Ufer nähere;
ich schwebe beinahe.
Es gibt keine Notwendigkeit mehr für Besitz
oder für ein Versteck.

Die Schmetterlinge fliegen rückwärts hier
und der Regen steigt nach oben.

da ist ein altes Kinderlied in meinem Kopf,
das spielt sich immer wieder selbst.
Ich öffne den Reißverschluss in meiner Haut
und schlüpfe aus mir selbst heraus;
lege das Fleisch sorgsam
auf einem alten Baumstumpf zusammen,
spüre endlich wahre Leichtigkeit
und wehe mit dem Blütenstaub davon.

Alle Dinge leuchten still;
nur sichtbar für Kinder
und für die einsamen Gespenster,
die in den dunklen Winkeln der Städte kauern.

Da ist ein frisches Loch in der Welt.
Ein Ausriss im Firmament,
als sei es aus Papier gemacht.
Was dahinter liegt,
weiß niemand außer den Schmetterlingen,
die immer rückwärts fliegen.

Lakonisch

Eine Handvoll Heimaterde in einem alten
Weckglas.
Eine Flasche schalen Biers auf dem Küchentisch.
Ein Röhrenfernseher,
ein alter Kater, von dem man niemals weiß,
ob er schläft oder längst tot ist,
bis man das herauszufinden versucht.

Heute gehe ich in den Park!
Heute rasiere ich mich!
Heute lese ich mein Buch zu Ende!
Heute ist mein Tag.

Die Zeitung liegt im Postkasten bereit
und ich kann riechen,
dass die Luft für mich gemacht ist.
Die Frau über mir hört wieder Schlager,
Tony Marschall, den Apostel der Einsamen.
Eines Tages gehe ich hoch zu ihr.
Heute! Vielleicht heute.

Frischer Kaffee. Schwarz.
„Under the bridge" im Küchenradio.
Ein Kribbeln in der linken Hand.
Das Hochzeitsfoto meiner Eltern. Schwarzweiß.
Zweifel. Nicht jetzt! Bloß nicht jetzt wieder
Zweifel!
Die Bahn fährt sicher wieder nicht!
Die Demokratie befindet sich weiter im freien Fall!
Die Arktis schmilzt verseucht mit Mikroplastik!
Selbst der Kaffee ist nur noch lauwarm
und die Tony Marschallplatte hat einen
Sprung…einen Sprung…

Gerade, als ich feststelle,
dass es wohl doch nicht mein Tag ist,
restwürdevoll meinen Bademantel zurechtrücke,
um mich standesgemäß wieder hinzulegen,
springt das alte Katzenviech
mit einem Riesensatz auf den Fernseher
und reißt dabei das Weckglas mit der Heimaterde
herunter.

„Zumindest ein Lebenszeichen", denke ich,
als ich die rauchgelben Vorhänge wieder zuziehe.

Am Wasser

Grüne Sahne

Flackerndes Kliniklicht. Grün. Kalt.
Ach nein. Deckenleuchte. Arbeitsplatz.
Dennoch: Grün. Kalt.
In fünfunddreißig Jahren bin ich wahrscheinlich
tot.
Es ist Zeit!
Es ist immer Zeit.
Zeit, ein Stück von dem Kuchen abzubekommen;
vielleicht auch etwas Sahne dazu.
Einatmen, ausatmen. Weiterleben.
Nicht zurücksehen. Vorausschauend sein.

Der Regen fällt senkrecht auf den Boden.
Auf die Bäume. Kalt. Grün.
Der wischt von diesem Sommer alles weg.
Die Sonne. Das Lachen. Die Wespen.
Nur den Idioten aus Amerika nicht.
Schade eigentlich.
Ist „schade" eigentlich mit „Schädel" verwandt?
Oder ist das Zufall.
Der Zufall nach dem Zerfall.
Schöpfung also!
Wissen macht alt.
Leben auch.
Noch etwas da sein. Bleiben.
Noch etwas vom Kuchen abbekommen.
Mit Sahne vielleicht.
Es ist Zeit!
Ständig ist es Zeit.
Der Regen fällt noch immer senkrecht auf den
Boden.
Auf die Bäume.
Die sind noch grün.
Grün!

Der neue Gott der Stadt

Der Waschbeton schmiegt sich kalt und glatt an
meine Wange.
Mit meiner ungeöffneten Fleischerfaust streiche
ich sachte darüber.

Durch meine geschlossenen Lider
höre ich die Stadt in tiefen Zügen atmen.
Regen mischt sich mit Abgasruß;
formt so einen kleinen Schlamm auf dem Asphalt.

Immer wieder werde ich angerempelt,
doch niemand nimmt Notiz davon,
so als wäre ich gar nicht da;
als wäre ich bloß ein Schatten.

Die Trauben am Himmel haben sich längst
anthrazit gemalt.
Sie sind auf dem Kriegspfad.
Sie jagen die angeschlagenen Herzen,
die Verwundeten,
die einsam Zurückgebliebenen.
Das soll mir nur recht und billig sein.

In der Stadt tanzt jeder immer nur um sich selbst,
führt ein Leben, das um jeden Preis im Mittelpunkt
stehen muss,
ein Leben das schreit, wenn die Lichter sich
abzuwenden drohen,
ein Leben, dass es nicht erträgt, unbeachtet zu
bleiben.
ein Leben, das die Stadt ironischer Weise an
dessen Ende gern anonym zu Grabe trägt.
Ob sie wohl ahnen, dass sie bereits zu Lebzeiten
unsichtbar sind,

für die von denen sie gern gesehen werden
würden? (So wie ich für sie.)

Keine erhabenen Motten, die erst um das Licht
kreisen, bevor sie darin verglühen;
eher Mücken, die in einem Insektenvernichter
aus ihrem Leben knistern.
Es ist das Geld, das sie alle irre macht.
Der Luxus der anderen, nach dem sie streben
und dabei gar nicht mehr merken,
wie nah am Abgrund sie längst balancieren.
Mit verbundenen Augen, wie besoffen, auf
glühendem Grund
einen barfüßigen Totentanz tanzend.

Hier treffen sie sich alle wieder;
die Selfiegötzen, die leeren Blender,
die Religiösen, die kein Gott braucht,
die Dauerbedürfnisbefriediger, die Hasserfüllten,
die bildungsfernen Befindlichkeitsmäuschen,
stets umgeben von einem Heer von Zeugen,
die immer und überall bezeugen können,
etwas nicht gewesen zu sein,
oder etwas gesehen zu haben,
auch wenn es niemand wissen will.

Durch meine noch immer geschlossenen Lider
höre ich sie alle atmen;
höre wie sie sich im Geheimen, in den Wlanlosen
Stunden,
schmerzvoll davor fürchten,
unbeachtet zu sein und zu bleiben.
Bei dem Gedanken huscht mir beinahe ein Lächeln
über mein lippenloses Gesicht.

Und bloß der Waschbeton,
der kalte, glatte Waschbeton wird mir fehlen,
wenn abermals die Glut aus meinen Fäusten
durch ihre Städte geflossen ist.

Am Hafen

2019

Das Boot ist leer.
Keine Seele an Bord.
Die See liegt still.
Glatt wie ein Spiegel.
Ein wahrhaft totes Meer.

Der Kaffee ist noch frisch;
die Croissants lauwarm.
Es riecht nach Pfeifendampf
und Erdbeermarmelade.
Mit sicherem Hafenblick. Ganz malerisch.

Im Park fällt ein Blatt
ganz leise zu Boden.
Das hat keiner bemerkt.
Für derlei Dramen sind alle zu blind,
zu geschäftig,
sind alle zu satt.

Ein Alter schaut trüb ins Himmelblau.
Er hat sich längst darin verloren,
als sähe er ein fernes Bild,
als wäre es ein Übergang,
als sei's ein stilles Gebet für seine Frau.

Und wieder steht in der Zeitung die Mär
von Toleranz und Menschlichkeit.
Das passt ganz gut zu Croissants
mit Marmelade
und wärmt in all der Geschäftigkeit,
die anteilnehmende Fassade.
Doch unterm Strich bleibt einzig nüchtern
festzustellen:
Das Boot ist leer.

Der See

Tief verborgen im Wald ruht ein See.
Dort gibt es im Frühjahr keines Vogels Gesang,
im Sommer keine Liebenden,
im Herbst fällt kein Laub
und im Winter nie Schnee.

Es liegt ein Unheil über diesem Ort,
an dem aller Gräser Halme schwarz
und aller Bäume Wipfel
nur noch schwärzer, noch missmutiger gewachsen
sind.
Bloß eine alte Eule klagt ihr Leid,
sie ist schwach in der Stimme;
sie ist blind.
So kann sie niemals fort.

Der Grund des Weihers ist verflucht
und selbst die Ufer sind verfault.
Es heißt,
man hat sie nie gefunden.
Es heißt,
der Wald hat sie verschluckt;
doch in mancher dämmervollen Stunde,
geht ein Wehgesang wie Blätterrauschen durch die
Luft.
Es heißt, dass sie dann wieder nach ihm sucht.
Dann liegt ein kaltes Schimmern auf dem trüben
Nass,
ein Schauer streicht durch das Gehölz
und aus der Tiefe hebt sich sacht
die Leiche,
der Geist.
Ganz zerbrechlich; ganz zerbrochen.
Ganz blass.

Welch' Klage malte dieses Porzellangesicht,
welch' Schmerz,
der sie nicht ruhen lässt!
Wie viele Jahre sind vergangen
und nie ist er zurückgekehrt.
Niemals kann sie fort zu finden,
den der ihr schwor, dass sie sich binden
und der sich doch im anderen Fleisch verlor.
So kehrt sie wieder, immer dann,
wenn violett der Abend dämmert
und wandelt irr im Wald umher
und findet ihren Frieden nicht.

So mancher ging hier ganz verloren,
und nicht ein Hauch,
kein Kleiderfetzen,
den jemals einer fand;
kein Käfer und kein Würmchen
das einen Schädel hat zur Wohnstatt sich erkoren.

So bleibt alles sicher und stumm verborgen,
im kalten Nass,
hinter schwarzen Ufern,
tief vergraben im welken Grund.

Dann, ganz heimlich, fast wie ein Dieb,
bricht ein neuer, ein stiller Morgen.

Und im Dorf spielt ein Alter das Lied auf der Leier
von der traurigen Leiche im finsteren Weiher.

The Queen of night

9.2.20

Immer in Moll
(An das Menschlein, das nie war und das mir doch
verloren ging.)

Dein fernes melancholisches Licht
wärmt mir von innen das Fleisch.
Lässt es sich anfühlen,
als könne es wie Wachs im Sonnenschein
dahinschmelzen;
es drängt mich, weiter in der Welt zu sein.

Und gingst Du einmal nur durch die Straßen dieser
Stadt,
so drehte sich alles nach Dir um,
selbst die Laternen, die Geister und die toten
Hunde.

Du solltest ein tiefes Rot auf Deinen Lippen
tragen.
Was wäre das für ein Bild mit Deiner edlen Blässe!
Ein Eingang,
ein Abgrund,
eine Chance.

Ich sah Dich niemals in die Fremde starren,
nie von fernen Welten träumen.
Und jetzt,
da die Blätter abermals leuchten,
nur um dann zu fallen,
um zu vergehen,
und der Himmel alles mit Blei bemalt,
dann bin ich Dir nah,
finde verlorene, unerzählte, ungeschehene
Geschichten wieder,
unter verstaubten Teppichen,
in weggeworfenen Dosen,

am Straßenrand der Spielstraße.

Die Nacht fürchte ich am meisten.
Das ewige Sichselbstertagenmüssen.
In Stille. Rauschlos. Geräuschlos. Unteilbar.

Du aber bist dann die kleine Melodie in meinem
Kopf,
die plötzlich und ganz und gar unentwegt spielt,
unhörbar für Ohren, ungreifbar für den Verstand.

Du bist dann das feuchte Sehnen in meinem Blick,
wenn ich wie verloren, ziellos aus dem Fenster
blicke;
bist der Wind, der mir durch die Knochen weht,
um mir schließlich liebevoll das grauende Haar zu
zerzausen.

Und wenn Du in mir flüsterst,
ist es,
als sänge die Welt,
ist es,
als lüdest Du mich ein,
mit Dir zu singen.
Mich, mit meiner zerbrochenen Stimme;
Mit Dir zu singen!
In Moll.
Immer in Moll.
Immer in diesem wundervollen, warmen Moll.

Das Karussell

Chemtrails durchkreuzen meinen klaren Blick
auf den neuen, knöchernen Mond;
oder sind es doch nur in sauberstem Weiß
ausgestoßene Kondensstreifen?

Der Kopf dreht sich innerlich
Wie ein dauerejakulierender Derwisch.
Das Karussell kann einfach nicht mehr stoppen.
Immer neue Gesichter, die ich nicht erkenne,
sprechen Worte,
die einfach nicht mehr durch die Leere hinter
meinem Gesicht zu dringen vermögen.
Meine Zeit verstreicht; fühlbar.
Rinnt mir wie Wasser aus der Hand.
Tropft zurück in die Welt
und sucht sich einen anderen Wirt.

Mikroplastik in meinem Kot,
Greta auf dem Atlantik
und das brennende Australien,
das uns schmerzlich mahnt, nicht einfach mehr
verdrängen zu können.
Der irre Trump, der den Iran sprengen will und
Putins neue Mittelstreckenschwanzprothese, die
weißgleißend
an einem Donnerstag zerbirst.

Ich kann es nicht mehr hören.
Wie die Geister der Pandora ihre Box,
umschwirrt es meinen Kopf,
reißt mir Stücke aus dem Gesicht,
spuckt sie zu Boden und füttert damit die ganze
gestörte Brut!

Ich will es ausschalten;
will es abstellen.
Es macht mich wahnsinnig,
so wie ein Juckreiz auf dem Rücken,
an der einzigen Stelle, an die man nicht
herankommt.

Es sucht mich heim in meinen Träumen.
Es steht finster grinsend hinter mir,
wenn ich arbeite,
wenn ich den Kinder versuche zu erklären,
wie wichtig es ist, wachsam zu bleiben,
sich zu bilden, sich zu wehren.

Übermächtig thront der Wahnsinn,
der sich aus dem dumpfen, irrationalen Hass der
wachsenden Menge nährt.
Übersatt. Friedensmüde.
Ein grauenvolles Ungetüm,
das da abermals auf den Dächern der Städte hockt,
stets die Herzen vergiftend, den Blick zu trüben
suchend,
auf den finalen Schlag lauert.

Wie schön:
Die Streifen am Himmel haben sich verflüchtigt.
Also nehme ich einen tiefen Atemzug
genieße meinen freien Blick auf den Mond
und schnalle mich an für die nächste Runde.

Blossom.

28.2.20

Kurzer Halt

Es sind meine Augen,
die da beinahe schwerelos
über das sommerliche Feld schweifen.
Nicht suchend,
nicht verzweifelt.
Bloß rastlos, im Fern verschwimmend;
über dieser Schönheit.

Über die Ähren, dem Wind folgend,
kurz innehaltend über dem zerbrechlichen Mohn;
über den seelenblauen Kornblumen,
über den Bach, der sich schier endlos zu winden
scheint,
über mich selbst hinweg,
weht mein Blick.

Meine Füße graben sich fest in den satten
schwarzen Boden,
meine Hände streichen sanft über die Frucht
und langsam schwindet das Licht;
taucht den Himmel purpurn
und in das wärmste Rot.

Ein einzelnes Reh mustert mich stumm.
Wir sehen einander an.
Eine Begegnung ohne Not zu sprechen,
ohne Not zur Flucht.
Eine Begegnung ohne jede Not.

Ich könnte ein Baum sein,
ein Solitär,
hier auf dem Feld;
ein Strauch,
eine Zuflucht für das Leben.

Aber ich bin, was ich bin.
Ich könnte Ähre werden
und mich zusammen mit dem Mohn sacht im
Wind wiegen.
Ich könnte…

Ein Foto noch,
dann gehe ich.
Kein Gesicht,
nur warme Dämmerung
und ein paar Krähen,
die in die erwachende Nacht hinein schwinden
über dem weitem Feld.

Und wieder einmal lasse ich hier mein Herz
zurück;
hier bei dem Reh,
hier wo ich notlos bin,
hier unter dem Abendstern,
der sich schon messerscharf
in grellem Weiß, alle Finsternis überstrahlend,
aus dem Himmel schält.

Ein Foto noch;
das nehme ich mit mir.
Einen tiefen Atemzug
und die Segnungen einer jungen Nacht auch;
Das Starten des Motors.

Nachtfahrt

Der Scheibenwischer arbeitet im Akkord.
Die Nacht ist dunkel. Stürmisch.
Beide Hände halten das Lenkrad,
als hingen alle Dinge davon ab.
Ein überlautes „Brothers in Arms"
Schneidet des Fahrers Herz vorwarnungslos in
Streifen.
Bilder, nicht die der Straße,
laufen in endlosen Schleifen
hinter den eigentlichen Bildern ab.
Die Welt schrumpft zusammen
in solchen Nächten.
Sie ist dann nur unwesentlich größer,
als die beiden Lichtkegel,
die sie gerade vorne erhellen.
„These mist covered mountains are
a home now for me.
And miles to go before I sleep.
Wohl dem, der jetzt noch Heimat hat.
I won't go gentle into that good-night."
Fetzen aller denkbaren Gedanken
flirren wie Leuchtreklamen um meine Augen.
Endlich ein Ortsschild.
Einkaufsladen. Geschlossen.
Neonlicht.
Wieder bloß Streiflicht.
Wie bin ich hierher gekommen?
Wohin ist der Weg gezogen?
Das Hintermir ist einfach fort.
Alles scheint wie ein Fiebertraum.
Das elende Sichdurchfressenmüssen
durch eine zähe, kalte, feuchte,
schwarze Masse;
ständig kurz vor dem Steckenbleiben,

den Blick im Tunnel,
nur noch auf das Licht fokussiert;
dancing in the dark.
Dann spricht einer im Radio
von umgestürzten Bäumen
an der Ostküste
und von dem mittleren Hochwasser,
das in dieser Nacht
seine Mittelmäßigkeit abstreifen
und über die Ufer treten will.
Und wenn ich nur könnte,
ich schlüge dreimal meine Hacken zusammen
und meine roten Glücksschüchen
brächten mich heim.
Doch die habe ich leider vergessen.
Also furche ich mich weiter
wie ein Wurm
durch diese nichtendenwollende Finstersnis
on the road to nowhere.

Jazz

In der Dämmerung

Ich halte mein Ohr ganz fest
an den Felsen gepresst,
dann kann ich seine Stille hören;
das hohe Lied der Ewigkeit.

Der Wind der Zeit
weht durch mein Fleisch.
Kein dicker Mantel,
mich zu wärmen,
mich sozusagen zu umgarnen, zu betören.

Es muss wohl
eine ganz eigene Schönheit sein,
die dem Zerfall der Dinge innewohnt.

Ein knochenfarbener Mond,
ein schwarzer Wein,
ein Käferkönig,
der in meiner Seele thront.

Zuletzt legt sich
ein kaltes Violett
auf das herbstlich kranke Land.

Das dringt auch tief in mich,
nimmt sich fast zärtlich meine Hand;

bringt mich einmal noch ins Bett.

Für einen Augenblick ist Pause.

Der Regen erbarmt sich kurz
und auch der Wind schweigt still,
sodass die Bäume etwas Frieden finden
und die Krähen wieder krächzen können.

Glatt wie Spiegel liegen die Pfützen,
lauernd, gespenstisch, untief;
sich die Kinder einzufangen,
die sich langsam wieder zum Spielen nach draußen
trauen.

Finster türmen sich die Wolkenberge
Hoch über den stahlbetonen Menschenkäfigen auf.
Bedrohlich, unbeherrscht.
Doch die Luft ist warm
und so kehrt auch das Leben in die Straßen zurück.
Es kriecht aus den Schatten, aus den Rinnsteinen
und den Fugen,
aus den Gullylöchern und den Nischen,
unter den Parkbänken und aus den öffentlichen
Toiletten hervor.
Verschrammt aber ungebrochen.
Die Wüste lebt!
Sie hupt und schimpft und flucht
und murmelt grimmig mit sich selbst.

Ameisengleich nehmen die Menschen das tiefe
Einatmen
der großen Mutter an, um über den
Bahnhofsvorplatz in den Untergrund zu flüchten,
in das Einkaufszentrum hinein, aus dem Hausflur
hinaus, über den Friedhof,
zur Arbeit und wieder zurück.
Hauptsache nirgends verweilen;

Hauptsache nicht stoppen, nicht zu genau
hinsehen,
nicht hinhören,
nicht die Augen schließen, um ja nicht zu spüren,
um nicht das eigene Rauschen ertragen zu müssen.

Wie schmerzvoll,
wie verloren,
ist die Erkenntnis, dass da nichts ist?
Bloß ein hohles Selbst,
das als ziellose Hülse durch ein allzurohes Jetzt
hastet,
ein schmetterlingsloser Kokon,
eine Puppe ohne Flügel.
Ein anabolikaaufgepumptes Individualistenwesen,
kosmopolitisch korrekt unbefüllt.

„Stillstand ist der Tod.", steht da sprachsicher auf
einem Graffiti.

Welch beißende Ironie,
denke ich,
als der Himmel endlich ein Einsehen hat
und sich die schwarzen Wolken
mit aller Macht über dem Moloch erbrechen lässt.

Mein Sonnentraum.

28.11.79

Dämon

Mein Herz liegt tief im Wald begraben.
Die alte Eule hält die Wacht.
Das Fleisch gab ich den Käfern hin,
im Unterholz, in dunkler Nacht;
dran werden sie zu kauen haben,
denn schwer verdaut sich,
was ich bin;
oder besser: war.

So ward ich wieder in die Welt gebracht,
als Käferkot
und Vogelfraß.
Ich krieche aus dem Morgenrot,
bin schwarzer Tau auf welkem Gras,
bin endlich wieder aufgewacht.
Ganz rein.
Ganz klar.

Ich bin der Schatten deines Traumes;
das Flüstern, das dir Schauer bringt.
Ich bin die Schuld,
die niemand wirklich lang erträgt;
bin die Wurzel eines toten Baumes.
Ich bin Ahab, wie er winkt
und Kain, der Abel grob erschlägt!

Ein seltsam angebissenes Stück Fleisch
ruht lauernd hier im moderigen Grund
und ein wunderliches Schweigen
legt sich nieder auf die Welt,
auf jedes Kind,
auf jeden Mund,
der jemals Worte von sich gab.

Bloß unter den Käfern und im Laub schallt ein
unheilvolles Raunen,
ein Klagelied
ein Geisterreigen
ein unheilvoller Takt.
Vollbracht. Es ist vollbracht!
Verlassen liegt das Waldesgrab.

Häutung

Einmal noch ein zartes Fleisch
mit meiner eigenen Hand berühren,
ohne schamvoll immerzu
das Selbst mit Laken zu bedecken.

Dann will ich in die Wildnis gehen.
Mich ohne Wehmut in die Nebel tauchen
und nie mehr nach der Stadt umdrehen;
nie mehr Wände, Fenster, Türen sehen.
Nie mehr Staub und Ruß und Asche schmecken.

Hinab. Hinab!
Dem Lauf des alten Flusses folgend,
die ungezähmte Strömung spüren;
nicht Grab,
nicht Ruhestatt.
Nur wilde Fahrt an fremdes Ufer.

Zuletzt erhebt sich aus der Flut
ein Schatten bloß,
der sacht das alte Fell ans Ufer trägt,
auf das es warm und trocken ruht.

Er wird auf einen Hügel steigen,
um dort noch einmal neu zu leben.
Und schließlich dann als freier Geist,
unter einem freien Himmel,
nach dem kalten Glanz der Sterne streben;
dem Ruf des ewig alten Firmaments
für alle Zeiten nachzugeben

43

Danke.

www. gunnar-berndt.jimdofree.com